W0233735

# Deutsch mit Olli

## Fibel

Erarbeitet von

Silke Bergmann, Diana Feldmeier,
Sabine Pfitzner-Kierzek, Kati Steinecke,
Gabriele Stoll, Stefanie Stroh,
Anja Tiedje, Annett Zilger

mit Illustrationen von
Petra Eimer

**Cornelsen**

Hallo, ich bin Mila und
das ist mein Freund Milo.
Wir lieben spannende Sachen.
Das Spannendste hat mit
einem merkwürdigen Gerät angefangen,
das wir einmal gefunden haben.
Zuerst haben wir gerätselt,
was das wohl ist.
Dann haben wir gemerkt,
das Ding ist …

Vorstellung der Fibelkinder Mila und Milo sowie des Papageis Olli –
Mila und Milo gehen gemeinsam in die erste Klasse und sind befreundet –
sie finden den Papagei Olli und ein Gerät (Lomi) auf einem Boot am Bootshaus von Milas Oma

… ein echter Zauberkasten.
Man tippt das richtige Code-Wort ein,
schon wird man in einen magischen
Strudel gezogen und landet – hui –
ganz woanders.
Wir erzählen euch nun,
wie uns das Gerät von einem Abenteuer
ins nächste gewirbelt hat.

Ich bin Olli und natürlich
bei jedem Abenteuer dabei.
Die Kinder werden bestimmt
meine Hilfe brauchen.

Mit dem Gerät Lomi kann man von einem Ort zu einem anderen reisen, wenn man das richtige Codewort eingibt –
die Reise geht durch einen blauen Strudel, der Mila und Milo an verschiedene Orte wirbelt – das Wort „Code" ist nicht silbisch
gefärbt, weil die englische Aussprache einsilbig ist

|  | | | |
|---|---|---|---|
| M | i | l | o |

| | | | |
|---|---|---|---|
| M | i | l | a |

**Auf dem Weg ins Bootshaus**
Laut-Bild-Zuordnung (M wie Messer, I wie Igel ...) –
Namen mithilfe der Lautbilder erlesen – Unterschied (-o/-a) am Wortende entdecken (Minimalpaar)

**Vor dem Bootshaus**
Hauptfiguren Mila und Milo kennenlernen – Endung im Minimalpaar Mila/Milo erarbeiten – Milo soll fehlenden Buchstaben (a) am Schild der Tür mit der orangen Kreide ergänzen – Namen silbisch sprechen – Silbenschreibung (schwarz-orange) kennenlernen

5

# M m

Milo Mila

**Im Bootshaus**
M/m kennenlernen – Begriffe entdecken, die einen /m/-Laut enthalten (Marmelade, Mikado, Limo, Eimer …) –
Namen Mila/Milo erlesen – Namen silbisch sprechen

Begriffe entdecken, die einen /m/-Laut enthalten (Melone, Mütze, Kamm, Lampe ...) – das Lama-Bild an der Wand anschauen – Empfindungslaut „Mmmm" mit Groß- und Kleinbuchstaben erlesen

7

im

im

im

**Im Bootshaus**
I/i kennenlernen – Begriffe entdecken, die einen /i/-Laut enthalten (Igel, Nilpferd, Dino …) –
Tiger auf Milos T-Shirt benennen (i im Inlaut) – Sätze mit Bildwörtern und „im" lesen

Iiiii

im

Mila im

im ...

**Auf dem Steg**
Empfindungslaut „Iiiii" lesen – Mila entdeckt einen Korb im Ruderboot ... –
Sätze mit Bildwörtern und „im" lesen – Ergänzung im letzten Satz erarbeiten (Boot)

9

# O o

Milo im

Mila im

O – Milo

Ooo

**Mila und Milo im Boot**
O/o kennenlernen – Mila und Milo haben einen Papagei gefunden – Begriffe entdecken, die einen /o/-Laut enthalten (Boot, Frosch, Korb ...) – Sätze mit Bildwort und Sprechblasen lesen

**Im Bootshaus**
Was sollen die Kinder mit dem verletzten Papagei machen? (Erste Hilfe leisten? / füttern? / Omi um Hilfe bitten?) –
„Omi" lesen – vermuten, was Mila noch gefunden hat (ein Gerät, das aussieht wie …)

Lo  Mo  Li  –  li  mi  mo

**Im Bootshaus**
L/l kennenlernen – Lama-Bild an der Wand anschauen – Begriffe entdecken, die einen /l/-Laut enthalten (Lampe, Sessel, Delfin ...) –
verschiedene Kombinationen von schwarzen und orangen Silben auf dem Zettel zusammenfügen und erlesen (Loli, Lomi, Lomo, Moli ...)

**Lomi**

Lilo   Milo   Olo   Omi

Momo   Lili   Limo   Moli

Olli

Mila erforscht das Gerät aus dem Korb – Wörter aus zwei Silben lesen – Silben Lo-mi ergeben den Namen des Geräts –
mit richtigem Codewort (hier der Name Lomi) bringt das Gerät die Kinder in andere Welten (Lomi arbeitet immer,
wenn Sterne ihn umgeben) – Namensschild Olli für den Papagei – Strudel betrachten – Lesetagebuch S. 2 bearbeiten

# A a

Milo im

Mila im

Lama Alma im

Im Lama-Bild an der Wand
A/a kennenlernen – Mila und Milo sind durch den Strudel in das Lama-Bild an der Wand des Bootshauses gekommen – Begriffe entdecken, die einen /a/-Laut enthalten (Tasche, Sand, Wald ...) – Sprechblasen und Sätze mit Bildwörtern lesen – Name des Lamas auf der Decke lesen

**Oma im**

**Mama im**  **am**

**Olli am**

**Milas Oma und Mama im Bootshaus**
Oma und Mama suchen Mila und Milo – Lama-Bild an der Wand anschauen – Olli sitzt auf dem Lama-Bild und zeigt Mama, wo Mila und Milo sind – Sprechblasen und Sätze mit Bildwörtern lesen

15

**Im Lama-Bild an der Wand**
S/s kennenlernen – Begriffe entdecken, die einen /s/-Laut enthalten (Sonne, Sack, Maus ...) – Seepferdchen auf Milos T-Shirt benennen –
Lama Alma ist allein, Mila und Milo wollen Alma helfen – erstmals Satzschlusszeichen (in Grau)

Soll Alma los?

Soll Alma los? (Daumen hoch: ja, Daumen runter: nein) – Antwort begründen – überlegen, wie die Geschichte weitergehen könnte

17

Alma ist im Tal.
Alma ist am Ast.

Olli ist total satt!

**Im Lama-Bild an der Wand**
T/t kennenlernen – Mila und Milo sind mit Alma im Tal angekommen – Alma hat Hunger und
sucht im Baum nach Futter – Begriffe entdecken, die einen /t/-Laut enthalten (Tomaten, Brot, Butter ...)

Mila malt mit Milo.

Mila malt 🍎🍎🍎.
Milo malt Salat.
Toll!

Lama Alma
isst Milos Salat.
Mila isst …

Mila und Milo malen Futter für das Lama (Äpfel in den Baum, Salat auf Papier) –
Mila isst … (Thema: gesunde Ernährung) –
Unterscheidung „ist" (S. 18) zu „isst" (S. 19) besprechen

19

# N n

Na, Alma!

Na, Nino!

Alma

Alma ist Ninos Lama.
Nino nimmt Alma mit.

Na
Ti
Sa
Ta
Si
Ni

ni
no
na

**Im Lama-Bild an der Wand**
N/n kennenlernen – Lama Alma und Hirte Nino finden sich wieder – Begriffe entdecken, die einen /n/-Laut enthalten (Sonne, Wolken, Nase ...) – offene Silben lesen und unterschiedlich kombinieren (Nani, Nano, Nana, Tini ...)

Nimmt Nino Alma mit ins  ?

Nimmt Nino Alma mit ins ?

Nimmt Nino Alma mit ins Tal ?

Milo nimmt Lomi.

Nani ?
Tino ?

Nino

Nino !

Na los !
Olli ist im ...

Nino nimmt Alma mit ins Tal (nicht ins Nest oder ins Auto) – Codewort für den Lomi: Nino – Olli ist bereits im Strudel – Wohin könnten Mila und Milo reisen? – sie reisen durch den Strudel zurück ins Bootshaus (kleines Bootshaus am Ende des Strudels)

21

# Heute bin ich …

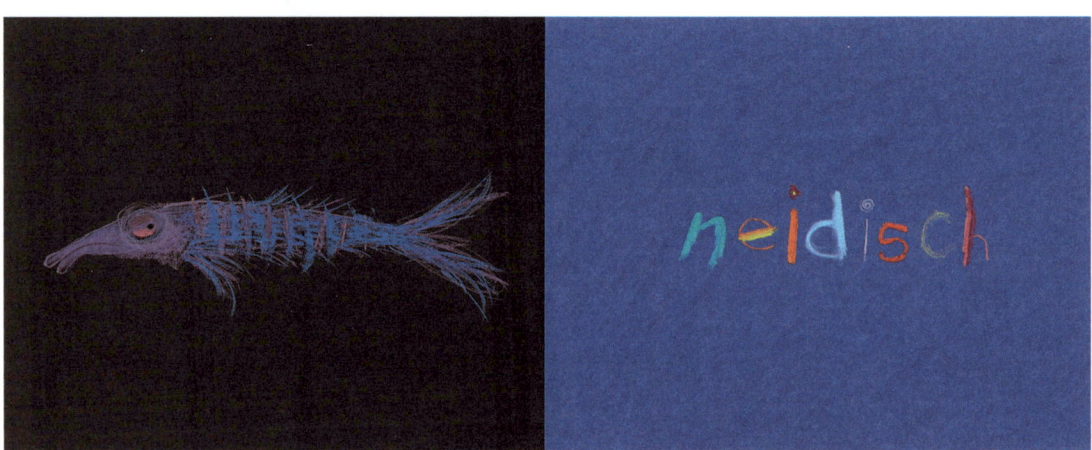

*Mies van Hout*

„Heute bin ich …"-Überschrift lesen und Kinder nach ihren Gefühlen befragen – Bilder der Fische betrachten und Adjektive lesen –
Begriffe erklären – im Rollenspiel darstellen – weitere Adjektive für Gefühle sammeln –
Kinder ihre Stimmung (als Fisch oder anderes Tier) zeichnen lassen

## Zusammen

Ob dünn oder dick – auf jeden Fall schick.
Ob sauber oder schmutzig – auf jeden Fall putzig.

Ob traurig oder froh – jeder muss aufs Klo.
Ob dunkel oder hell – beide sind sie schnell.

Ob zickig oder nett – einerlei im Bett.
Ob alt oder jung – auf jeden Fall mit Schwung.

Ob mutig oder feige – schau, was ich dir zeige!
Ob Schleifchen oder Schrammen – auf jeden Fall zusammen! ◈

*Daniela Kulot*

OB TRAURIG ODER FROH –

DANIELA KULOT
ZUSAMMEN!

Unbekannte Adjektive im Text erklären – Bild betrachten, Adjektive den Figuren zuordnen –
Warum ist jemand traurig oder froh? – Was kann man noch zusammen machen? Sätze ergänzen –
Kinder zeichnen lassen

23

Mila ist mit Milo im  .

Ela ist mit Emil im  .

Alles ist nass.

Ela soll mit Emil ins  .

**Am Bootshaus**
E/e kennenlernen – Mila und Milo sind durch den Strudel gereist; sie treffen ihre Freunde Ela und Emil –
Begriffe entdecken, die einen langen /e/-Laut enthalten (Ente, See, Segel ...) – Name des Segelbootes lesen

Milo sammelt mit Emil
Namen mit E e.

Alle lesen.
Alle malen.

**Liste**
Emil
Selma
Melone
Tee
Tonne

Ente

Lineal

See

Wörter mit E/e sammeln – Liste ergänzen – Bilder auf Kärtchen benennen (Paket, Ente, Ela ...) –
eigene Memo-Spielkarten und Dominokarten mit einem Partnerkind basteln (s. Kopiervorlagen) –
Spielregeln besprechen – Spiele ausprobieren

25

**Wo ist Olli ?**

Was ist mit Olli los ?

Will Olli etwas essen ?

Will Olli etwas lesen ?

Olle Wolle !

Ela will Olli ...

**Im Bootshaus** W/w kennenlernen – Begriffe entdecken, die einen /w/-Laut enthalten (Wolke, Löwe, Wolle ...) – Bilder auf den Kärtchen benennen (Sonne, Würfel, Lineal ...) – vermuten, was Olli im Korb will (die Wolle? den Lomi? schlafen? ...) – Ergänzung im letzten Satz vermuten (Lösung: helfen) – erstmals Satzschlusszeichen in Schwarz

Was ist … ?

Womit … ?

Mit wem … ?

Alle wissen, wo Olli ist.
Olli ist in Mamas Wolle.
Was will Olli
in Mamas Wolle?

Olli will mit Lomi los.
Alle wollen mit Lomi los.

Wolle

Fragen mit den vorgegebenen Fragepronomen formulieren: Was ist passiert? Womit hat sich Olli verheddert? Mit wem wollte er spielen? … – Codewort für den Lomi erlesen: Wolle – Wer ist bereits im Strudel? (Milo und Mila, siehe Socken auf S. 26) – Lesetagebuch S. 3 bearbeiten

27

# R r

Was ist ro**sa** ?

Wo ist et**was** Ro**te**s ?

Wer war**tet** am Tor ?

**In einer Fabrik**   R/r kennenlernen – alle Kinder sind durch Strudel gereist – Motive auf den Brettern benennen (Rakete, Regenbogen, Prinzessin ...) – Fragen beantworten: 1. einige Bretter sind rosa / 2. rote Bretter, rotes T-Shirt am Tor (der Ärmel gehört Emil), roter Knopf an der Maschine auf S. 29, Olli / 3. Emil wartet am Tor (man sieht seinen Ärmel)

ratter rassel rrrrrrr

Rettet Olli!

Alles ist seltsam.

Motoren rattern. Motoren rasseln.

Wo ist Milo mit Mila?

Wo ist Ela mit Emil? Rate mal!

Begriffe entdecken, die einen /r/-Laut im Anlaut enthalten (Räder, Rakete, Robbe...) – Wörter im Rauch lesen – „r" beim Lesen rollen – Warum will Olli gerettet werden? (Es ist zu laut.) – zu den Fragen mithilfe des Bildes Vermutungen anstellen (Lösung: auf S. 30 – Rollerfabrik)

1. Dort ist Metall.
   Das Metall ist rot.

2. Dort rollt etwas.
   Was ist das?
   Ist es das Rad?

**In einer Fabrik**
D/d kennenlernen – Dino auf Milos T-Shirt benennen – Frage mithilfe des Bildes beantworten
(Lösung: Ja, ein Rad wird montiert.)

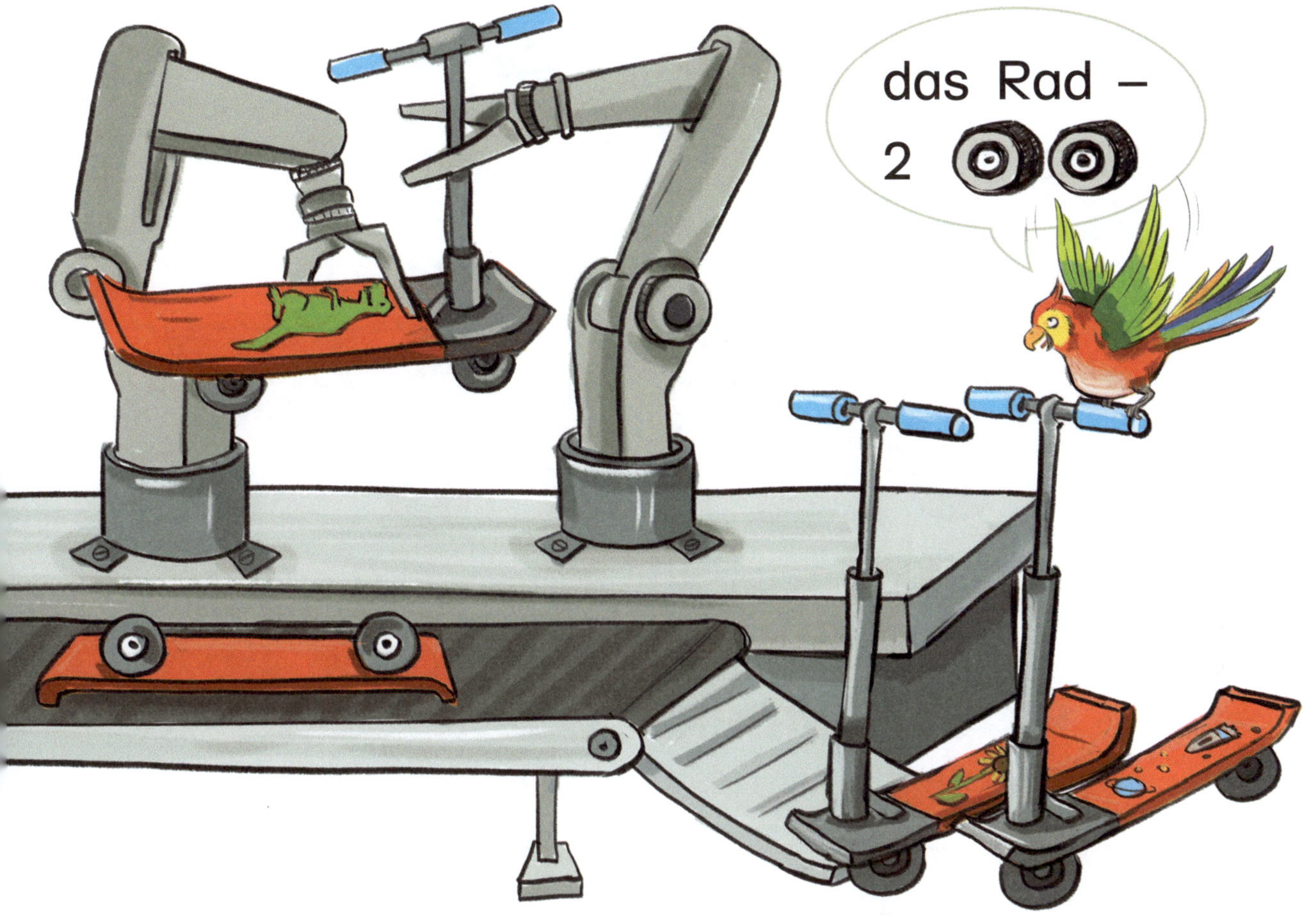

**das Rad –**
**2** ⚫⚫

3. Da ist das andere Rad.

4. Was soll das denn werden?
   Am Ende werden es Roller.

Damit wollen alle rollen.
Alle wollen rasen.

Mein Roller
ist ein Eimer.

Der Roller
mit dem Eis ist toll.

Mein Roller
soll rot sein.

Dein Roller soll ...

**In einer Fabrik**   Ei/ei kennenlernen – Sprechblasen nach Belieben den Kindern zuordnen. Welches Kind mag gerne Eis?
Welches Kind mag rote Roller? – sich über die eigenen Rollerwünsche austauschen (Dein Roller soll ...) –
wörtliche Rede hier ausschließlich in Sprechblasen

Milo: „Wollen wir mit dem Roller reisen?"

Emil: „Nein! Wir reisen mit Lomi."

Mila: „Seid mal leise. Lomi will Reime.
Eins – 2 – drei – los!"

Reise
Meise

Leiter
Reiter

Teil
S ...

Erstmals Anführungszeichen (in Grau) im Text zur Auszeichnung von wörtlicher Rede – Reimwörter lesen, ergänzen und weiterreimen (Seil, Keil, Pfeil ...) – das Reimwort ist das Codewort – nachdenken, warum es zwei Strudel gibt (Ela und Emil reisen nach Hause, Mila und Milo reisen weiter)

# P p

Post,
Post !

Milo ist mit Mila am Meer.
Mila trampelt im Sand. Da ist etwas.

 „Was soll das sein ?"

 „O, da ist ein Plan drin !"

**Am Meer**
P/p kennenlernen – Mila und Milo sind durch den Strudel gereist – Begriffe entdecken, die einen /p/-Laut enthalten (Perle, Papagei, Palme …) – Pinguin auf Milos T-Shirt benennen – Vermutung über den Plan in der Flaschenpost anstellen

Milo will wissen, was alles im Meer ist.
Also plant Mila eine Reise ins Meer.

Olli: „Prima ! Olli will mit !
Olli will ein Pirat sein !"

Passt
das ?

Vermuten, was alles im Meer sein kann – Womit reist man ins Meer? – Kann Olli ein Pirat sein? – Wie sehen Piraten aus? –
Wie sieht Olli auf dem Bild aus? – Frage beantworten (Ja, das passt. Olli sieht aus wie ein Pirat.)

35

# F f

Da sind Delfine.
Das ist toll!

Es sind elf Delfine.
Ist das eine Familie?

Delfine
||||  ||||
||||  ||||
|

Mama Delfin, Papa Delfin,
Oma Delfin, Opa Delfin.
Wer sind alle anderen?

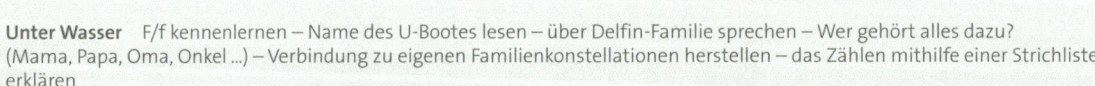

**Unter Wasser** F/f kennenlernen – Name des U-Bootes lesen – über Delfin-Familie sprechen – Wer gehört alles dazu?
(Mama, Papa, Oma, Onkel ...) – Verbindung zu eigenen Familienkonstellationen herstellen – das Zählen mithilfe einer Strichliste
erklären

Mila filmt alle elf Delfine.
Das wird ein prima Film.

O, nein! Was soll das?
Ein Delfin frisst Pappe.
Darf man Pappe in das Meer werfen?

Ein anderer Delfin findet eine Dose.
Darf man Dosen in das Meer werfen?

Delfine auf der Doppelseite zählen und mit der Anzahl im Text abgleichen – Fragen im Text beantworten – Was schwimmt noch im Meer? – Anknüpfungsmöglichkeit zum Thema Umweltverschmutzung

37

# U u

Dosen im Meer sind Unsinn !
Warum muss das nur sein ?

Darum nimmt Milo nun einen Eimer.
Milo sammelt alle Dosen ein.

**Unter Wasser**
U/u kennenlernen – Milo betrachten, Flossen und Schnorchel erklären – Dosen im Bild mithilfe
einer Strichliste gemeinsam zählen – Woher kommt der Müll im Meer? Was kann man dagegen tun?

Was soll Milo nun
mit den Dosen tun?
Mila nimmt das Telefon und
ruft Mama an.

 „Mama, um uns sind nur Dosen.
Was sollen wir tun?"

Olli tippt …
Lomi summt sofort los.

**Im Unterwasser-Boot**  Mila und Milo sind im U-Boot, Mila hat ein Handy – Möglichkeiten des Umweltschutzes
in der Schule (Mülltrennung, Brotdose statt Plastiktüte, laufen statt mit dem Auto zur Schule kommen …) besprechen –
Codewort für den Lomi: *Umwelt retten* – Reise mit dem Strudel – Lesetagebuch S. 4 bearbeiten

## Delfine

Delfine leben im Wasser und sind Säugetiere.
Aber anders als Fische müssen Delfine regelmäßig
an die Wasseroberfläche schwimmen, um zu atmen.
Die bekannteste Delfinart ist der große Tümmler.

Delfine mögen nicht gern allein sein.
Deshalb leben sie in Gruppen zusammen.
Diese Gruppen nennt man Schulen.
In Schulen können bis zu 100 Tiere leben.

Unbekannte Begriffe im Text erklären – Wo leben Delfine? – weitere Informationen zu Delfinen sammeln –
Bilder von Delfinen suchen – eigene Stellwand zu Delfinen in der Klasse erstellen – über die Tiere erzählen

# Plastian, der kleine Fisch

Plastian, der kleine Fisch, schwimmt
mit knurrendem Fischbauch quer durchs Meer.

In diesem Moment entdeckt er
über sich eine schillernde Spur.
5 Mit viel Schwung und großem Hunger
schluckt der kleine Fisch
gleich eine ganze Menge der bunten Stückchen.

Oje, oje! Da bemerkt er gleich ein
komisches Drücken in seinem Bauch.
10 Plastian hat jetzt Plastik im Bauch …

Hilflos schaut er sich um, in der Hoffnung,
dass seine besten Freunde in der Nähe sind.
Plastian will sie warnen, damit sie nicht
den gleichen Fehler machen. ◇

*Nicole Intemann*

Über Umweltverschmutzung im Meer mit den Auswirkungen für die Meeresbewohner anhand von Kinderliteratur sprechen –
Was frisst der kleine Fisch? – Wie geht es Plastian? – Warum hat er Plastik gefressen? – Wie kommt das Plastik ins Meer?

41

# H h

Milo und Mila landen sehr hart.

Es ist finster. Mila hilft Milo.

Mila nimmt Milos Hand.

Milo ist froh.

**Unter dem Küchenschrank**
H/h kennenlernen – Mila und Milo sind durch den Strudel gereist – Hai auf Milos T-Shirt benennen – Größenverhältnis Lomi und
Mila und Milo betrachten – Sprechblase lesen und Vermutung anstellen

Mila ruft: „Hallo! Ist da einer?"
Mila und Milo wollen etwas sehen.
Milo hat eine Lampe.
Damit wird es heller.

Hoppla! Was ist das?
Ist das ein Hamster oder ein Hase?
Ist das ein Huhn oder eine …

Mila sieht ein Bein eines Tieres – Welches Tier kann es sein? (Hamster, Hase, Huhn? Lösung auf S. 44) – Vermutungen anstellen
und/oder verschiedene Tierbeine ansehen

43

 „Was ist pas**sier**t?
Wo sind wir hier?"

 „Hier sind die Tie**re** wie Rie**sen**."

 „Oh, wir sind mi**ni**.
Die**ser** Rie**se** ist Mi**lo**s Hund Fie**te**."

**Unter dem Küchenschrank**
ie kennenlernen – Lösung von S. 43: ein Bein einer Biene – Größenverhältnisse von Biene zu Mila und Milo betrachten; Mila, Milo und Olli sind geschrumpft – Olli hat ein Maßband im Schnabel – Zu welchem Tier gehört die Nase? (Lösung auf S. 45: Hund)

Mila und Milo sind sehr tief unten.
Was sollen sie nun tun?
Hier ist niemand, der sie sieht.

Milo: „Fiete! Hilf uns!"

Milo muss immer wieder niesen.
Da sieht Fiete
Mila, Milo und Olli.

Olli bringt Milo ein Taschentuch – Wie kann der Hund Fiete Mila und Milo helfen? –
Wie können Mila und Milo wieder groß werden?

Fie**te** bellt.

Ben rennt her**bei**.

Ben ist Mi**lo**s Bru**der**.

Ben nimmt sei**ne** Bri**lle**.

Bir**nen**
**Banane**
Saft
Sa**lat**
Brot
But**ter**
Ei**er**
Boh**nen**
Sah**ne**

Wer ruft da?

Ben!!!

Hilf uns bit**te**!
Wir sind un**ten** am Bo**den**.

In der Küche
B/b kennenlernen – Einkaufszettel am Kühlschrank lesen – weitere Lebensmittel ergänzen –
grünes Wort auf dem Einkaufszettel ist das Lösungswort für S. 47

Fiete und Ben sehen
Mila und Milo unten am Boden.
Ben nimmt Mila und Milo in seine Hand.

„Ben, du bist der beste Bruder!"
Dann holt Ben den bunten Lomi.

Mila, diesmal musst du
ein Wort hopsen.

**Auf Bens Hand**
Lomi betrachten – Welches Codewort startet den Lomi? (s. Einkaufszettel auf S. 46) – Silben zu Codewort zusammensetzen –
Codewort für den Lomi: *Ba-na-ne* – Warum müssen die Kinder hopsen? (Weil sie so klein sind.)

47

# Au au

 „Die Welt sieht hier so anders aus.
Ist dort ein Ufo?"

 „Nein. Das ist ein blaues Haus.
Es saust wie ein Auto herum."

 „Nanu! Wer ist in dem Haus?"

In der Zukunft
Au/au kennenlernen – Mila und Milo sind durch Strudel gereist – fliegende Häuser beschreiben (Farbe, Dachgarten, Baum ...) –
im Haus sind ein Junge und ein Mädchen

 „Hallo, wir sind Sami und Naomi."

 „Wir sind Mila und Milo.
Wo sind wir?
Lasst uns zusammen herumlaufen.
So finden wir es heraus."

 „Sieh mal! Auf dem Baum ist ein fremdes Tier.
Das sieht aus wie eine Raupe und eine Biene."

Ist es dann eine Raune oder eine Biepe?

En se?
✕
Ha te?

Tau sel?
✕
E be?

Sami und Naomi aus der Zukunft kennenlernen – Tier auf dem Ast beschreiben: Raupe mit Bienenstreifen und Flügeln –
Vertauschen der Silben von den Tiernamen erklären (Biene und Raupe = Raune oder Biepe) –
Tiere in den Sprechblasen erlesen (Ente, Hase, Taube, Esel)

49

# ch

> Hallo, ich bin Olli. Hast du auch einen Namen?

> Oh, una paloma.

> Ob er mich meint?

> Ich probiere es noch mal. Ich bin Olli und manchmal frech.

> Una paloma.

> Was sollen wir machen?

> Una paloma.

In der Zukunft
ch kennenlernen – Lesen eines Comics besprechen (Reihenfolge der Kästchen und Sprechblasen) –
sich über Schwierigkeiten beim Verstehen fremder Sprachen austauschen – Welche Sprache spricht die Raune? (Spanisch)

Warte hier auf mich.
Wir brauchen Hilfe.
Ich suche Lomi.

Hier ist Lomi.
Mit Lomi ist es leichter.

Olli sieht im Lomi nach:

Una paloma! = Eine Taube!

Olli und Raune lachen.

Bin ich etwa
eine Taube?

Alle Tiere reden anders.
Aber das macht nichts. Lomi hilft uns immer.

Olli sucht nun nach Mila und Milo …

Was für ein Tier ist Olli? – Wörter aus anderen Sprachen sammeln –
Wer hilft bei Übersetzungen aus anderen Sprachen? (Wörterbuch, Internet …)

51

# Z z

Naomi zieht Mila und Milo
in das blaue Haus.
Sie laufen zusammen in ein Zimmer.

Dort zaubert ein Lehrer
fremde Zahlen herbei.
Alle rechnen.

Sie rechnen mit
diesen Zahlen.

**In der Zukunft**
Z/z kennenlernen – Zebra auf Milos T-Shirt benennen – Bündelung auf dem Rechengerät erklären
(Wiederholung der Strichliste von S. 36)

Sind wir in einer anderen Zeit?

MITTWOCH
3.
DEZEMBER
2080

Mila: „Toll! Wir sind in der Zu★unft."

Milo: „Wollt ihr uns zu Hause besuchen?"
Naomi: „Prima! Dazu habe ich Lust."

Mila: „Wir reisen zu unserem Bootshaus."
Sami: „Das ist ein tolles Ziel."
Milo: „Lomi zaubert uns wieder in unsere Zeit."

Aktuelles Jahr benennen und an die Tafel schreiben – Datum auf dem Kalender lesen und Daten vergleichen: Mila und Milo sind
in der Zukunft – hören, welcher Buchstabe in dem Wort „Zukunft" verdeckt ist (k steckt hinter dem Stern) – Codewort für den
Lomi: aktuelles Kalenderjahr – Wohin werden Mila und Milo reisen? (s. Strudel) – Lesetagebuch S. 5 bearbeiten

53

## IM ZOO

Publikum guckt
Lama spuckt
Publikum: iiiiiiiih!
Lama: Hi, hi!

*Michael Augustin*

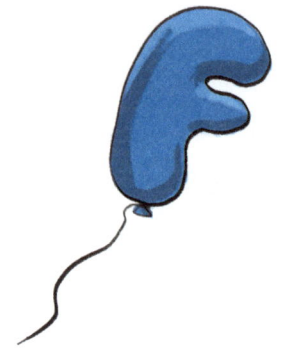

## Ein Fisch, ein Fuchs und ein Fasan

Ein FISCH, ein FUCHS und ein FASAN,
die fuhren fröhlich Eisenbahn.
Sie zogen ihre Fs aus, weil
es furchtbar heiß war im Abteil.

Faul lagen auf den Sitzen nun
drei Fs und hatten nichts zu tun.
Jetzt fuhren friedlich Eisenbahn
ein ISCH, ein UCHS und ein ASAN.

*Christa Zeuch*

„Im Zoo": zwei Kinder lesen die Zeilen abwechselnd – Betonung von iiiih und hihi üben – Rollenspiel
„Ein Fisch ...": Tiernamen den Illustrationen zuordnen – statt des ersten Buchstabens jeweils die drei letzten weglassen und lesen (Fi, Fu, Fa) –
weitere Tiere sammeln und jeweils den ersten Buchstaben weglassen

# Buchstaben-Dschungel

*Ein kleiner Affe und ein Papagei spazieren durch den Dschungel.*
*Der Affe möchte andere Tiere suchen.*

Während er das sagte, stolperte er
über einen graugrünen Schlauch,
5 der quer über dem Weg lag.

„Aua!", rief der Affe.
„Oje-oje-oje", jammerte der Schlauch.
„Oje-oje, ich arme Lange!"

„Das ist kein Schlauch", stellte der Affe fest.
10 „Das ist ein Tier!"
„Oh ja", sagte das Tier und
hob den Kopf, „ich bin eine Lange."

„Der Name passt zu dir", meinte der Affe.
„Du bist lang und heißt auch so. Eine lange Lange."

15 „Glaubst du, diesem Tier fehlt auch ein Buchstabe?",
flüsterte der kleine Affe.
„Da bin ich mir ganz sicher", antwortete der Papagei.
„Mindestens einer." ◇

*Ursula Poznanski*

Text mit verteilten Rollen lesen (Erzähler, Affe, Papagei, Schlange) – Warum jammert der Schlauch / die Schlange? –
Passt der Name Lange wirklich zur Schlange? – Welches Graphem fehlt dem Tier? (Sch)

55

# K k

Die Kinder kommen ins Bootshaus.

 „Hier ist es super!
Huch, ein Krokodil."

3. Oktober
Kartoffelsuppe

„Es tut nichts.
Es ist aus Plastik."

Sami sieht einen Kalender
mit Rezepten:

 „Suppe aus Kartoffeln?
Die kenne ich nicht."

 „Sicher kann Oma mit uns
diese Suppe kochen."

**Im Bootshaus**
K/k kennenlernen – Mila, Milo, Sami und Naomi reisen durch den Strudel in die Gegenwart –
Sami aus der Zukunft kennt kein Plastik-Krokodil – auf dem Kalender ist eine Kartoffelsuppe zu erkennen

Oma hat Zeit und kommt zu den Kindern.
In Omas Korb ist alles, was sie brauchen:

zehn Kartoffeln,
eine halbe Knolle Sellerie,
ein Lauch,
zwei Karotten,
Petersilie,
Knoblauch,
Salz

Oma kocht. Die Kinder helfen.
Es riecht herrlich. Alle wollen essen.
Keiner will mehr reden. Nur Olli ruft:

Ich will Kuchen
und Kekse.

Bilder beschreiben – Gemüse den Bildern zuordnen – unbekannte Lebensmittel erklären
(Karotte = Möhre = Mohrrübe) oder mitbringen – Rezept aus den Bildern lesen und Reihenfolge beachten – sich über
Lieblingsgerichte austauschen

57

Alle sind satt und Oma ist fort.
Das Wetter ist blöd.

 „Kommt, wir bauen eine Höhle."

 „Wie machen wir das?"

 „Wir können Laken und
Kisten nehmen."

Die Höhle wird toll.

**58**

**Im Bootshaus**
Ö/ö kennenlernen – Womit kann man eine Höhle bauen? – Spiele für Regentage sammeln –
von eigenen Erfahrungen beim Bau einer Höhle berichten

Milo öffnet die Höhle:
„Sami, möchtest du nicht reinkommen?"

Sami lacht: „Ihr bleibt drinnen.
Hört zu! Ratet, was ich mache."
Sami macht einen Löwen nach.

Milo ruft: „Das ist ein Löwe. Nun bin ich dran."
Milo krabbelt aus der Höhle und Sami hinein.

Milo klappert mit zwei Löffeln.
Naomi: „Oh, das sind Löffel."
Naomi hat diese Ideen:

Kinder einen Löwen nachmachen lassen – Geräusche aus den Bildern erkennen (Wasser eingießen, klatschen, Reißverschluss
auf- und zuziehen) – weitere Geräusche in der Klasse raten lassen

59

# Sch sch

Nun scheint die Sonne wieder.

Schnell rennen die Kinder raus.

Im Wasser sehen sie Fische und Muscheln.

Auf dem Wasser schwimmt

ein Schiff aus Papier.

Das Schiff hat einen Namen.

Pit

Solche Schiffe wollen sie auch basteln.

**Auf dem Steg am Bootshaus**
Sch/sch kennenlernen – Dinge auf dem Steg (Muscheln, Wasser ...) und im Wasser (Fische, Papierschiff) benennen –
Namen auf dem Papierschiff lesen

Mila: „Ich hole schnell Papier. Damit falten wir Schiffe."
Naomi: „Das ist eine schöne Idee!"

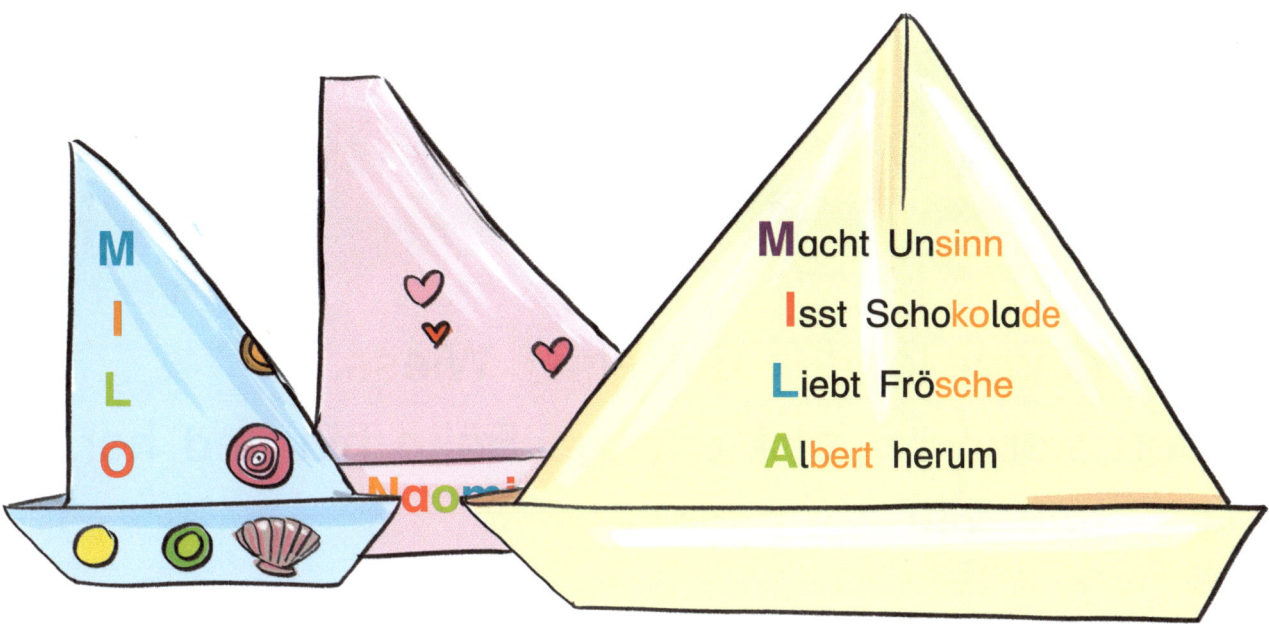

M acht Unsinn
I sst Schokolade
L iebt Frösche
A lbert herum

Mila schreibt Wörter zu ihrem Namen.

Mein Piratenschiff.

Zum Schluss schneiden die Kinder
Herzen, Kreise und Muscheln aus.
Damit bekleben sie ihre Schiffe.

Sami: „Alle Schiffe sind besonders."
Milo: „Das ist wie bei uns Kindern."

Aus farbigen Papieren eigene Schiffe basteln – Schiffe bemalen und/oder bekleben – Akrostichon zum eigenen Namen oder zu einem anderen Wort erstellen – Codewort für den Lomi ausdenken – zwei Strudel: Sami und Naomi reisen in die Zukunft, Mila und Milo reisen weiter

61

# Ä ä

Die Kinder landen auf einer Wiese.

Dort werfen zwei Mädchen Bälle hin und her.

Ein Ball fällt herunter.

„Der Ball rollt unter die Äste!

Iii, nun muss ich in den nassen Haufen fassen."

Das Mädchen schiebt die Ärmel hoch.

Olli flattert näher.

Milo und Mila helfen und heben die Äste an.
„Ich bin Käte, Martas Schwester."
Käte holt den Ball heraus.

Olli ruft: „Oh, was ist das?"
Die Kinder sehen auf ihre Hände.
Darauf krabbeln tolle Käfer herum.
Olli kräht: „Käfer krabbeln lieber
auf Blättern und Ästen."
Die Kinder schieben die Käfer ...

Aus dem Haus ruft Kätes Papa:
„Kommt herein und wascht die Hände."

Die Namen Käte (großes Mädchen) und Marta (kleines Mädchen) den Figuren zuordnen – Wo leben Käfer? – verschiedene
Käferarten zusammentragen (Mistkäfer, Junikäfer, Feuerkäfer ...) – Austausch über den sorgsamen Umgang mit Käfern

63

# Ü ü

Papa wartet an der Tür:
„Oh, Besuch, wie schön!
Ich habe in der Küche Nüsse für alle."

Die Kinder essen die Nüsse.
Marta füllt die Schalen in eine Tüte.

Milo flüstert:
„Wir können daraus
Käfer basteln."

Ich liebe Nüsse:
Kokosnüsse,
Zaubernüsse
…

**Bei Käte und Marta**
Ü/ü kennenlernen – Kinder nennen verschiedene Nüsse (Walnüsse, Haselnüsse, Erdnüsse …) –
Lieblingsnuss benennen – Wie öffnet man die Nussschalen?

Olli schnappt sich die Tüte.
Er flattert auf die Küchentür.

Mila lacht: „Olli, du bist fürchterlich!
Die Tüte ist für uns alle."

Milo ruft: „Her damit, sonst schläfst du
bei den Hühnern."

Käte sagt: „Olli, würdest du bitte mit uns teilen?"

Olli will antworten.
Dabei lässt er die Tüte los.
Überall rollen Schalen herum.

Nun sammeln wir die Schalen
und können sie bemalen.

Alle müssen lachen.

Warum sind Milo, Käte und Marta ärgerlich? (Olli fliegt mit der Tüte voller Nussschalen fort.) –
Wie beendet man einen Streit? (aufeinander zugehen, entschuldigen ...) – Warum lachen am Ende alle?
(Olli lässt beim Reden die Tüte fallen.)

# G g

Die Kinder wollen aus den Schalen der Nüsse
Käfer basteln.

Milo will wissen, wie Käfer aussehen.
Deshalb gehen alle in den Garten.

Im Gras sind Käfer.
Milo schaut sie ganz genau an:

Auge

Beine

Fühler

Flügel

Die Käfer bewegen die Flügel
und fliegen los.

**Bei Käte und Marta**
G/g kennenlernen – Giraffe auf Milos T-Shirt auf S. 65 benennen – Käfer genau anschauen und beschreiben – wichtige Merkmale hervorheben (6 Beine, Fühler, große Augen ...) – Käfer abmalen – andere Bastelideen aus Alltagsdingen überlegen

Gemeinsam basteln die Kinder
aus den Nussschalen lustige Käfer.
Einige sind gelb, andere grün oder bunt bemalt.

Papa findet alle Käfer gut.
Er zeigt auf einen Käfer und fragt:
„Ist das ein Bogenregenkäfer?"
Käte grinst: „Genau. Es ist ein Regenbogenkäfer."

Nun müssen Mila und Milo *Auf Wiedersehen* sagen.
Marta darf das Wort
in den Lomi eingeben.
Sie tippt:

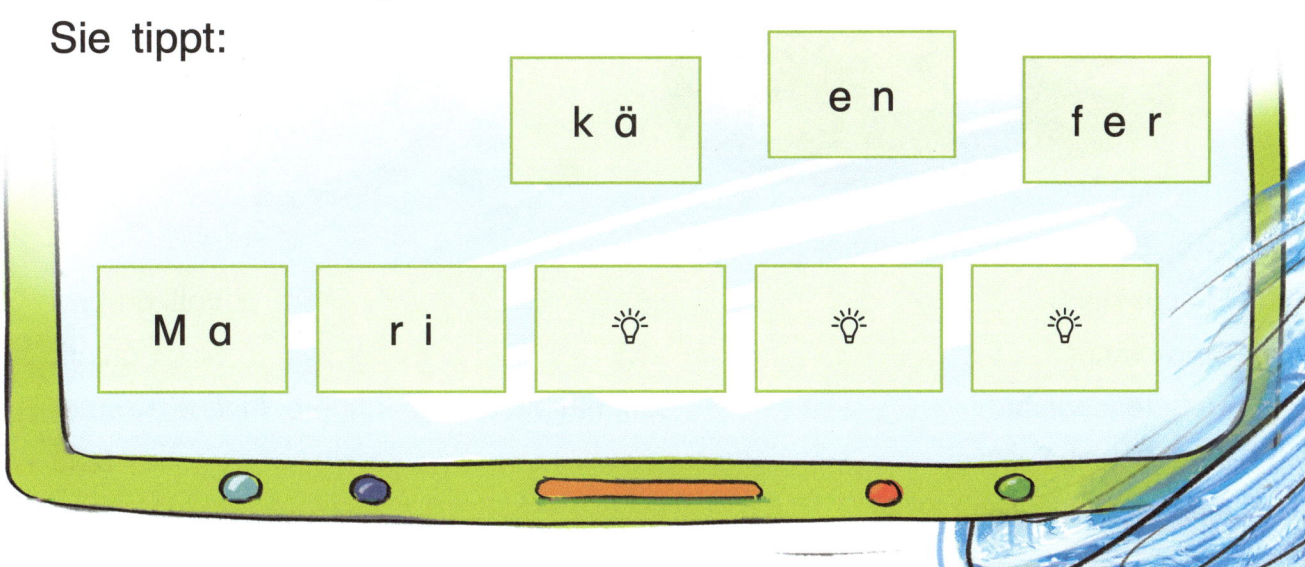

# Pausenbrote in aller Welt

Hotdog aus Amerika

Tortillafladen aus Mexiko

Tortilla-Wrap

Avocadomus oder Frischkäse

Salatblätter

rote Paprikastreifen

Hähnchenfleisch

Hotdog-Brötchen

Frischkäse

Salatblätter

Tomatenscheiben

Würstchen

Ketchup

Club Sandwich aus England

Quarkbrot aus Deutschland

zwei Scheiben Vollkorntoast

Frischkäse

Salatblätter

Tomatenscheiben

eine Scheibe Käse

eine Scheibe Putenbrust

Vollkornbrot

Quark

Schnittlauch oder andere frische Kräuter

Salz

Pausenbrote in der Klasse vergleichen – Zutaten aufzählen (Brot, Butter, Käse ...) –
Pausenbrote aus anderen Ländern anschauen und vergleichen –
gemeinsames Frühstück planen – Brote gemeinsam herstellen

# Zwei für mich, einer für dich

Auf dem Heimweg fand der Bär drei Pilze.
Zuhause freute sich das Wiesel sehr.
Es putzte die Pilze und briet sie scharf an.

Der Bär teilte aus:
5 „Ein Pilz für dich und ein Pilz für mich", sagte er.
„Und noch ein Pilz für mich. So ist es gerecht.
Ich bin groß, deshalb muss ich viel essen."

Das Wiesel war nicht einverstanden.
„Ein Pilz für mich, ein Pilz für dich und
10 noch einer für mich. Das ist gerecht!
Ich bin klein und muss noch wachsen!"

„Einer für dich, zwei für mich. Das ist gerecht,
weil ich die Pilze gefunden habe."

„Das ist gar nicht gerecht!
15 Du hast sie mir mitgebracht!
Und ich hatte die ganze Arbeit." ◈

*Jörg Mühle*

Text mit verteilten Rollen lesen – Rollenspiel –
Wie teilt man am besten mit Freunden? – Welche Lösung können der Bär und das Wiesel finden? –
Kann man drei Pilze gerecht teilen? – Was ist gerecht?

69

# J j

Ela und Milo jagen sich auf dem Schulhof.
Ela überholt Milo.

Emil und Jana jubeln: „Ja, juhu!"
Mila jammert: „Ich möchte auch
so schnell rennen wie Ela."

Frau Jäger tröstet sie:
„Bald kann jeder aus unserer Schule jubeln."

**Auf dem Schulhof**   J/j kennenlernen – Mila und Milo sind durch den Strudel gereist – Schulhofszene betrachten und Mila, Milo, Ela und Emil auf dem Bild suchen – beschreiben, was sie tun – Bild mit eigenem Schulhof vergleichen – Wie fühlt es sich an, zu gewinnen? Wie fühlt es sich an, zu verlieren?

Im Klassenzimmer erklärt Frau Jäger den Kindern:
„Wie jedes Jahr gibt es im Juni unser Schulfest.
In diesem Jahr ist es ein besonderes Projekt,
weil unsere Schule 25 Jahre alt wird.
Jedes Kind darf mit seiner Familie teilnehmen."

Jana jubelt mit Mila und Ela.

„Lasst uns Ideen für
lustige Wettbewerbe sammeln.
Welche Familie wird wohl
am Ende gewinnen?"

# Sp sp

Die Kinder haben tolle Ideen für das Schulfest.
Es soll sportlich werden.

Milo will ein Seil über den Hof spannen.
Jede Familie soll darauf laufen.

Emil will Spinne spielen.
Jede Familie soll mit Wolle Fäden spannen.

Mila und Jana wollen alle einladen.
Sie schreiben ein Plakat.
Später malen sie dazu.

**Im Klassenzimmer**
Sp/sp kennenlernen – Spinne auf Milos T-Shirt benennen – Spielvorschläge von Milo und Emil verstehen und/oder ausprobieren –
Gedankenblase von Olli erklären (Zieleinlauf) – weitere Ideen für einen Sportwettbewerb zusammentragen

Wir laden ein zum

# Familien-Sporttag

Datum: Samstag, 20. Juni
Beginn: 11.00 Uhr
Ort: Buntspecht-Schule Spardorf

Jeder kann teilnehmen:
Eltern, Oma, Opa, Geschwister ...
Wir wollen gemeinsam Sport treiben.
Später spielen wir miteinander.

Um 15.00 Uhr sammeln wir
alle Sachen wieder ein.
Wir sind schon sehr gespannt
auf unseren Familien-Sporttag.

Informationen von dem Plakat wiederholen (Wann findet das Fest statt? Wer kann teilnehmen? ...) –
eigene Plakate entwerfen – Kinder erzählen, wen sie auf ihr Schulfest mitbringen würden

73

# St st

Alle Spiele starten.

Jana und Ben steigen schnell
die Stufen der Treppen hoch.
Milos Papa stoppt die Zeit.

Emil stapelt die Würfel.
Emils Opa zählt sie.

Tim stürzt bei der Staffel.
Milo hilft ihm.

Mamas Gummistiefel landet im Strauch.
Mila wirft ihren Gummistiefel sehr weit.
Oma …

**Auf dem Schulfest**
St/st kennenlernen – den spannendsten Wettbewerb (Treppensteigen, Würfelstapeln, Staffellauf, Gummistiefel-Weitwurf)
benennen – Vermutung über den Ausgang des Gummistiefel-Weitwurfs anstellen

Ergebnis der Wasserstaffel

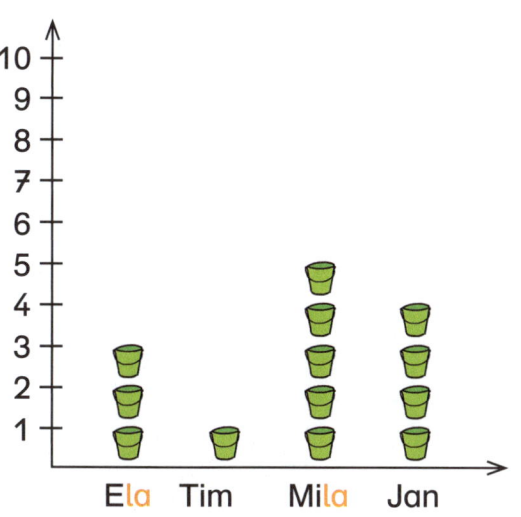

Nach zwei Stunden stehen die Kinder an der Pinnwand.
Sie staunen über die Ergebnisse.

Emil: „Ich habe zehn Stoffwürfel gestapelt.
       Aber dann ist der Turm eingestürzt."

Ela: „Jana hat einen Rekord beim
      Treppensteigen aufgestellt."

Milo: „Stimmt. Das ist echt super –
       und Mila hat die Wasserstaffel gewonnen."

Mila strahlt über das ganze Gesicht.
Sie tippt still die Zahl fünf in den Lomi.

Diagramm lesen: Wer hat die meisten/wenigsten Becher bei der Wasserstaffel ins Ziel gebracht? –
Milas Sieg aus dem Diagramm herauslesen (Mila hat fünf Becher ins Ziel gebracht) –
Codewort für den Lomi: *fünf* (Anzahl der Becher) – Mila trägt eine Beinprothese

# C c

Der Code hat die Kinder in einen Wald gebracht.

Willkommen im Comic!

Mein Name ist Coco.

Hihi!

Du bist eine Comicfigur! Haha!

Du siehst lustig aus!

Mein Name ist Celina.

**In einem Comic**   C/c kennenlernen – Mila und Milo sind durch den Strudel gereist – sie landen in einem Comic und sehen selber wie Comicfiguren aus – besprechen, welche Sprechblase zuerst gelesen wird (s. Comic S. 50/51) – das Wort „Code" wird nicht silbisch gefärbt, weil die englische Aussprache einsilbig ist

Die Tiere der Geschichte benennen und ihre Namen wiederholen (der Bär Carlo, die Eule Caro, die Affen Coco und Celina) –
Vermutungen anstellen, was passiert sein könnte

77

# Eu eu

**In einem Comic**
Eu/eu kennenlernen – Eule auf Milos T-Shirt benennen – Warum ist die Eule so traurig? (ihr Zuhause brennt) –
Wie können Mila, Milo und die Tiere helfen?

Wir wissen, wo es Wasser gibt.

Wir sind neun Leute. Ich habe zu Hause für jeden einen Eimer.

Schnell! Eure Hilfe ist wichtig.

Alle zusammen sind wir die Feuerwehr.

Ich zeige euch den Weg.

Beeilt euch.

Welchen Plan könnte der Bär Carlo haben? (Eimer und Wasser zum Löschen) –
Anzahl der Eimer und Anzahl der Figuren vergleichen

# V v

Die Vögel zeigen allen, wo Wasser ist.
Carlo verteilt die Eimer.
Jeder holt einen Eimer voll Wasser.
Aber …

Einige Minuten später …

Ich zähle bis vier.
Dann schütten wir alle
gleichzeitig unsere Eimer aus.
Einverstanden?

Eins, zwei,
drei …

Bravo!

Hurra! Ihr seid super!
Kommt alle in meine Höhle.
Heute ist ein wundervoller Tag.

Olli verrät den Code
für den Lomi.

… vier!

Die Lösung: alle schütten gleichzeitig ihre Eimer aus – gemeinsam erreichen die Freunde ihr Ziel –
das Nest der Eule ist gerettet – Codewort für den Lomi: *vier* – das Wort „Code" wird nicht silbisch gefärbt,
weil die englische Aussprache einsilbig ist – Lesetagebuch S. 7 bearbeiten

# Die Kickerbande

*Emil, der Torwart der Kickerbande, ist rot-gesperrt.*
*Nun soll ich ihn vertreten.*
*Doch ich bin eigentlich Stürmer.*

Sofort beginnt Emil mit dem Unterricht:
5 „Ganz wichtig, ein Tormann darf
keine Angst vor dem Ball haben!"

Angst? Hallo? Der Ball ist doch mein Freund, oder?
Aber ich merke schnell, dass es einen Unterschied macht,
ob du den Ball mit dem Fuß streichelst
10 oder ob er dir wie ein Geschoss am Ohr vorbeisaust!

„Ran!", fordert er. „Los, schnapp ihn dir!"
Emil, Kevin und Max ballern aus allen Lagen:

Puh, da habe ich immer gedacht,
ein Keeper schiebt eine ruhige Kugel!
15 Denkste! Das ist Schwerstarbeit.

*Frauke Nahrgang*

Wer spielt/mag/schaut Fußball? – Was unterscheidet einen Stürmer von einem Torwart? –
andere Sportarten zusammentragen – über die verschiedenen Sportarten erzählen –
manchmal denkt man, etwas ist leicht, aber dann ist es ganz schwer ...

# Kopf hoch, Fledermaus

Es war einmal eine Fledermaus,
die hatte nicht alle Tassen im Schrank.
Zumindest dachten das die jungen wilden Tiere.

„Ich hätte gern einen Regenschirm,
5 damit meine Füße nicht nass werden", sagte die Fledermaus.
„Ein Regenschirm ist dazu da, dass der Kopf trocken bleibt,
nicht die Füße!", flüsterte der kleine Elefant.
„Dumme alte Fledermaus!"

Die Eule schaute nachdenklich vor sich hin. Dann sagte sie:
10 „Ich werde der Fledermaus ein paar einfache Fragen stellen."

„Wie sieht ein Baum aus?", fragte die Eule.
„Das ist leicht", sagte die Fledermaus.
„Ein Baum hat ganz oben einen Stamm und ganz unten Blätter."
„Siehst du Eule? Die Fledermaus ist blöd!", lachte das Giraffenkalb.

15 „Letzte Frage!", sagte die Eule.
„Diesmal möchte ich, dass alle sie beantworten –
außer der Fledermaus. Habt ihr jemals versucht,
die Dinge so zu betrachten, wie die Fledermaus sie sieht?" ◈

*Jeanne Willis*

Wer kennt Fledermäuse? – Was ist an ihnen besonders? – Informationen und Bilder zu Fledermäusen sammeln (s. S. 40) –
Was müssen die anderen Tiere tun, um die Dinge wie die Fledermaus zu sehen? –
Bild aus der Sicht der Fledermaus malen

# ck

Milo und Mila landen
in einer komischen Höhle.
Milo ruft: „Mila, pass auf!
Komm von der Zacke runter.
Hier kannst du gut stehen."

Mila rettet sich zu Milo:
„Glück gehabt!"

Und ich hocke
in einer Zahnlücke.

Vorsichtig gucken die Kinder sich um.
Milo fragt: „Wo sind wir?"
Auf einmal hören sie eine Stimme:
„In diesem Körper-Museum kann man viel lernen.
Hier haben wir eine Mundhöhle nachgebaut."

Mila: „Klar! Ich bin auf einem Eckzahn gelandet."
Milo: „Ach ja, ich stehe auf einem Backenzahn."

**In einem Zahnmodell**  Zwei Niveaustufen auf einer Seite – ck kennenlernen – Mila und Milo sind durch den Strudel gereist – sie stehen auf den Zähnen eines Unterkiefer-Modells – Wer hat schon einen Milchzahn verloren? – Welche anderen Modelle kann man in einem Körper-Museum entdecken (Herz, Auge, Muskel ...)

Eine Frau begrüßt die Kinder:
„Ich heiße Nicki Süß.
Ich weiß viel über den Körper.
Kommt, ich zeige euch die Zähne."

Mila, Milo und Nicki Süß
klettern von Zahn zu Zahn.

Nicki Süß erklärt: „Unsere Zähne
sind unterschiedlich groß.
Sie haben verschiedene Aufgaben.

Die Schneidezähne beißen
Stücke von unseren Speisen ab.

Die Eckzähne reißen Stücke
aus unseren Speisen heraus.

Die Backenzähne zerkauen
das Essen zu Brei."

Und wofür sind
Wackelzähne gut?

Zwei Niveaustufen auf einer Seite – ß kennenlernen – über die Zähne und ihre verschiedenen Aufgaben sprechen (Schneidezahn, Eckzahn …)

85

# Pf pf

Die Kinder hüpfen von Zahn zu Zahn.

Olli pfeift durch eine Zahnlücke:

„Pfui, was steckt da

zwischen den Zähnen?"

Milo stapft neugierig zum Backenzahn:

„Das ist ein Stück Apfel.

Es muss weg!"

Die Kinder zupfen

an dem Apfelstück.

Milo schimpft: „Es klemmt fest.

Wir brauchen eine Zahnbürste."

Nicki Süß sagt: „Mit Zahnbürste und Zahnpasta

können wir die Zähne gut pflegen.

Zähne müssen regelmäßig

vom Arzt kontrolliert werden."

Milo erzählt: „Und ich muss

morgen zum Augenarzt."

In einem Zahnmodell
Zwei Niveaustufen auf einer Seite – Pf/pf kennenlernen – Pferd auf Milos T-Shirt (S. 87) benennen –
über Zahnpflege und regelmäßige Zahnarztbesuche sprechen

# tz

Dann ruft Milo trotzig:
„Ich brauche aber keine Brille!"
Nicki Süß antwortet:
„Das können wir mit
einem Sehtest überprüfen."
Sie rollt ein Plakat aus.
Die Kinder setzen sich davor.

Satz    Witz
Katze
Schatzkarte
Dreckspatz

Mila kann alles blitzschnell lesen.
Milo erkennt die letzte Zeile nicht.
Trotzig rückt er näher an den Sehtest heran.
Nicki Süß grinst: „Bleib bitte auf deinem Platz."

Mila meint zu Milo:
„Es gibt total witzige Brillen.
Außerdem darfst du jetzt
etwas in den Lomi kritzeln."

B r
i e ll

Zwei Niveaustufen auf einer Seite – tz kennenlernen – Brillenträger über ihre Erfahrungen befragen – besprechen, was ein Sehtest ist und wie er funktioniert – Codewort für den Lomi: *Brille* – Wohin werden Mila und Milo reisen? (s. Strudel: ins Bootshaus)

87

Am Himmel sind dunkle Wolken.
Alle sitzen im Bootshaus und
trinken Omas Saft.
Ela findet links
unter dem Schrank
einen alten Plan.

571    823694

von Tom

| 1 | 2 | 3 | 4 | 5 | 6 | 7 | 8 | 9 |
|---|---|---|---|---|---|---|---|---|
| n | u | l | g | M | w | ei | Sch | e |

Onkel Tom hat den Plan
als Kind geschrieben.
Was sollen denn
die Zahlen bedeuten?
Ist das etwa
eine Geheimschrift?
Die Kinder denken nach.

**Im Bootshaus**  Zwei Niveaustufen auf einer Seite – nk kennenlernen – Mila und Milo sind durch den Strudel gereist – Dinge auf dem Plan benennen (Baum, Haus, See ...) – Geheimschrift verstehen (Zuordnung Ziffer – Buchstabe) und Überschrift auf dem Plan entziffern (Lösung: Mein Schulweg)

Nun ist die Langeweile fort.

Emil hat eine Idee. Er springt auf und ruft:
„Ich zeige euch den Weg von meiner Wohnung
bis zu unserer Schule."

„Zuerst laufe ich diese große
Straße entlang.
Dann biege ich links in die
enge Sängergasse ab.
Vor der Schule ist eine Ampel.
Hier muss ich oft lange warten.
Bei Grün schaue ich trotzdem
nach links, rechts …"

Oh, Lomi blinkt und rattert wieder!

Zwei Niveaustufen auf einer Seite – ng kennenlernen – Schlange auf Milos T-Shirt (S. 88) benennen –
eigenen Schulweg beschreiben und/oder aufmalen – Verkehrserziehung: Wie geht man über eine Straße? – rechts/links üben
– Codewort: *links* (letzter Blick beim Überqueren der Straße) – Lesetagebuch S. 8 bearbeiten

# Die Sinnesorgane des Menschen

Die Sinnesorgane helfen dem Menschen,
die Welt wahrzunehmen.

Mit dem 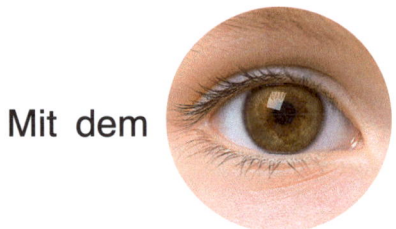 kannst du die Umwelt sehen.

Geräusche hörst du mit deinem 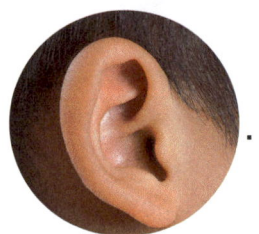.

Die 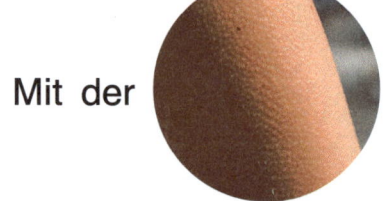 übernimmt das Riechen.

Mit der 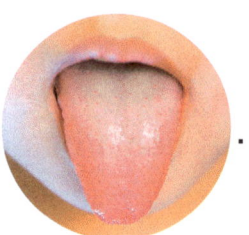 spürst du, ob Sachen
weich, rau, warm, kalt oder glatt sind.

Für das Schmecken brauchst du deine .
Auf der Zunge befinden sich Zellen,
die Süßes, Saures, Bitteres und
Salziges unterscheiden.

Welche Sinnesorgane gibt es? – Welche Aufgabe haben die verschiedenen Sinnesorgane? ¬
über Sinnesorgane recherchieren und kleinen Vortrag halten

# Augen, Ohren und Herz

Irgendwo klingelt es leise,
dann geht die Kaffeemaschine.
Hat da ein Auto gehupt?
Laut quietscht die Bahn in der Schiene.
5 Vater ruft dich aus dem Bett.
Hell sprudelt Wasser ins Becken.
Im Radio spielt Flötenmusik.
Alles das hörst du beim Wecken.
Gut, dass du Ohren hast. Gut, dass du hörst.

10 Sieh dir die Wolken mal an.
Sehen sie nicht aus wie Gesichter?
Schau, wenn die Sonne aufgeht und
es wird lichter und lichter.
Leute rennen zur Bahn,
15 manche beim Bäcker anstehen.
Da verliert einer den Hut.
Überall gibt es was zu sehen.
Gut, dass du Augen hast. Gut, dass du siehst. ◇

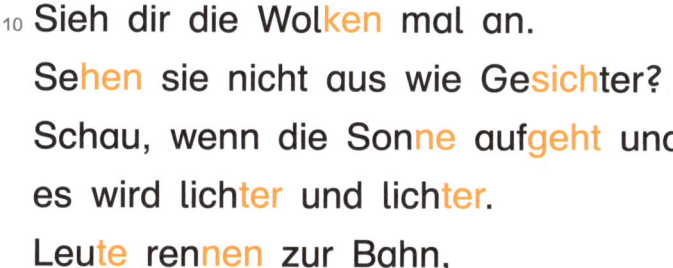

*Gerhard Schöne*

Geräusche benennen, die man täglich hört: beim Wecken, in der Schule, am Nachmittag –
Sachen benennen, die man immer wieder sieht: auf dem Schulweg, im eigenen Zimmer,
im Sportunterricht … – schöne und anstrengende Geräusche unterscheiden – Lied gemeinsam singen

91

# chs

## Technikmuseum

Eröffnung: in sechs Tagen

Kinder: frei

Erwachsene: 10 Euro

Milo ist ganz aufgeregt:
„Oh, wir sind in dem
neuen Technikmuseum!
Sind wir hier alleine?"
Mila zuckt mit den Achseln.
Milo ruft: „Ist da jemand?"

Eröffnung erst in sechs Tagen.

Mila überlegt: „Ach, darum ist niemand zu sehen.
Das Museum hat noch gar nicht geöffnet."
Milo jammert: „Dann hat Lomi wohl den Tag verwechselt."

Mila grinst: „Aber wir sind drin.
So haben wir die Ausstellung für uns alleine."

**Im Technikmuseum**
Zwei Niveaustufen auf einer Seite – chs kennenlernen – Mila und Milo sind durch den Strudel gereist – Fuchs auf Milos T-Shirt
benennen – Wer war schon einmal in einer Technik-Ausstellung? Was gibt es dort zu sehen?

# Y y

Gleich im ersten Raum bleibt
Milo begeistert stehen:
„Okay, so ungefähr
sah der erste Typ
eines Autos aus."

Milo hat wirklich
Ahnung.

Ey, das ist doch kein Auto!
Das sieht eher wie
ein Dreirad für Babys aus.

Heute gibt es viele verschiedene Autotypen.
Es gibt immer mehr Fahrzeuge mit Hybrid-Motor oder
Elektro-Motor.
Hybrid-Autos fahren abwechselnd mit Benzin
oder Strom. Elektro-Autos fahren nur mit Strom.
Und in der Zukunft?

Zwei Niveaustufen auf einer Seite – Y/y kennenlernen – über Autos erzählen –
Wer hat schon einmal ein Auto an einer Steckdose gesehen? –
Fantasie-Auto der Zukunft zeichnen lassen

93

# Äu äu

Mila läuft zu einer Säule.

Darauf steht: Technik hilft Menschen.

Mila und Milo sehen drei verschiedene Geräte:

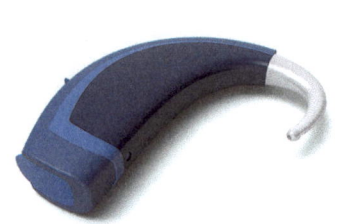
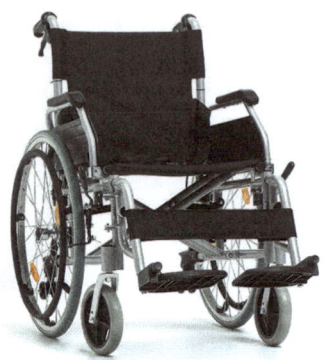

Hörgerät          Rollstuhl          Sprachcomputer

Milo nimmt den Rollstuhl. Er fährt damit durch zwei Räume.

Häufig bleibt er mit dem Rollstuhl irgendwo hängen.

Er hat sich getäuscht, es ist gar nicht so leicht.

Olli tippt auf einem Sprachcomputer das Symbol an.

Der Computer spricht: „Ich möchte etwas trinken."

Wem könnte der Sprachcomputer helfen?

**Im Technikmuseum**   Zwei Niveaustufen auf einer Seite – Äu/äu kennenlernen –
Sprachcomputer helfen Menschen, die nicht sprechen können – weitere technische Geräte sammeln, die Menschen helfen
(elektrischer Rollstuhl, Telefon mit Licht statt mit Klingel, Treppenlift …)

# Qu qu

Olli fliegt kreuz und quer
durch alle Räume.
Er quakt wie ein Frosch.
Er quiekt wie ein Ferkel.

Ich bin auch ein
Sprachcomputer!

„Olli, lass den Quatsch!
Lass uns lieber noch das Quiz machen.“
Alle drei quetschen sich vor einen Bildschirm.

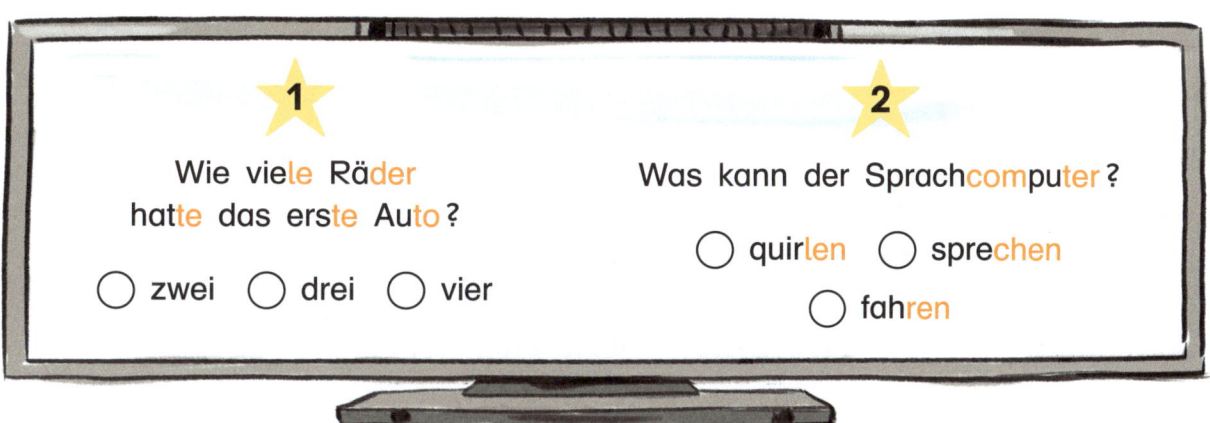

### 1
Wie viele Räder
hatte das erste Auto?

○ zwei   ○ drei   ○ vier

### 2
Was kann der Sprachcomputer?

○ quirlen   ○ sprechen
○ fahren

Olli quasselt los: „Autos haben immer vier Räder.“
Milo ruft: „Nein! Das erste Auto hatte drei Räder.“
Die Lösung der zweiten Quizfrage tippen
die Kinder in den Lomi ein.

Willkommen!

Alle Familien sind zum Fest gekommen.
Die Kinder haben dafür extra
eine Musikgruppe gegründet.
Es gibt ein Xylofon und ein Saxofon.
Es gibt zwei Flöten und sogar ein Xun.
Das ist ein Instrument aus China.

**Vor dem Bootshaus**
X/x kennenlernen – Instrumente aus dem Text den Kindern im Bild zuordnen (Emil mit Xun, Ben mit Saxofon, Käte mit Xylofon, Ela mit Flöte) – von eigenen Erfahrungen mit Instrumenten erzählen – ein Klassenfest gemeinsam planen

Die Kinder führen auch ein Rollenspiel auf:
Irgendwo tief im Meer lebt die Nixe Rosalie.
Sie ist in den Prinzen Maximilian verliebt.
Deshalb will Rosalie auch ein Mensch werden.
Dafür braucht sie einen Zaubertrank.
Die Wasserhexe Trixi mixt
diesen Zaubertrank, und ...

Nach dem Applaus stellt Mila allen
noch Olli und Lomi vor.
Mila und Milo erzählen
von ihren Abenteuern.

Lomi hat alle Orte
fotografiert.
Schaut mal!

Ende für das Rollenspiel überlegen – dieses oder eigenes Rollenspiel aufführen –
Welches Abenteuer in der Fibel war am spannendsten? Begründen – neue Reisen mit Lomi planen ... (Ferienaufgabe) –
Lesetagebuch S. 9 bearbeiten

97

# Bastelanleitung Rakete

Bastelideen für eine eigene Mondrakete sammeln (aus Papierrollen, Getränkekarton, PET-Flasche ...) –
Ausstellung zum All gestalten: Raketen, Sterne, Mond basteln und aufhängen

# Der Räuber Hotzenplotz und die Mondrakete

*Kasperl läuft zu Seppel,*
*der gerade in der Gartenlaube geschlafen hat.*
*Er erklärt ihm, dass Räuber Hotzenplotz*
*aus dem Spritzenhaus ausgebrochen ist.*

5 „Abgemacht, Kasperl, ich komme mit.
Der Polizei muss geholfen werden:
Wir fangen den Räuber Hotzenplotz!",
bekräftigte Seppel und fügte verärgert hinzu:
„Aber weißt du, dass dieser Kerl ausgerechnet ausreißen muss,
10 wenn ich ein Schläfchen halte, das finde ich unerhört!
Den könnte ich auf den Mond schießen!"

„Auf den Mond schießen, auf den Mond schießen …"
Kasperl fing an zu lachen.

„Warum lachst du denn?", fragte Seppel,
15 der herausgekommen war.
„Weil ich nun weiß, was wir tun müssen!"
„Und was ist das?"
„Du wirst es gleich merken, Seppel.
Komm mit!" ◇

*Otfried Preußler*

Die ersten Geschichten vom Räuber Hotzenplotz vorlesen, erzählen oder hören (Buchvorstellung möglich) – unbekannte Wörter im Text erklären – Was hat Kasperl vor? – Wie könnten Seppel und Kasperl den Räuber Hotzenplotz fangen?

99

# Jahreszeitenlied

Ich bin der Frühling
und lasse die Blumen blühen.
Ich bin der Frühling
und mache die Bäume grün.

Ich bin der Sommer
und mache es warm und hell.
Ich bin der Sommer
und gehe dir meist zu schnell.

Aussehen der Bäume in den verschiedenen Jahreszeiten beschreiben – Kinder erzählen über alle Jahreszeiten –
Welche Jahreszeit ist gerade? – Lieblingsjahreszeit benennen und begründen

Ich bin der Herbst
und mache die Äpfel rund.
Ich bin der Herbst
und male alle Äpfel bunt.

Ich bin der Winter
und bringe ich Schnee und Eis,
freuen sich die Kinder
und ich male alles weiß.

*Tina Birgitta Lauffer*

Jahreszeitenlied dialogisch lesen – eine Strophe des Gedichts auswendig lernen – Bild zu einer Jahreszeit malen –
Geburtstage der Kinder in der Klasse den Jahreszeiten zuordnen (Geburtstagskalender)

101

# Siehst du, wie die Blätter tanzen?

Siehst du, wie die Blätter tanzen?
Mal ganz langsam, mal geschwind.
Wie sie steigen immer höher,
fast schon bei den Wolken sind!

Hörst du, wie der Herbstwind weht?
Mal ganz leise, mal ganz laut!
Wie er um die Häuser pfeift,
keiner sich nach draußen traut!

*Claudia Veiter*

Blätter an der Herbstschnur auf der Seite benennen (Eichenblatt, Ahornblätter) – Bäume, an denen diese Blätter hängen, anschauen –
eigene Herbstschnur in der Klasse gestalten – Tier aus Eichenblättern erkennen (Elch) – Blätter sammeln und trocknen –
mit den Blättern ein Herbstbild kleben

# Die schönste Laterne der Welt

*Anton freute sich sehr auf den Laternenumzug zu Sankt Martin.*
*Er hoffte sogar, einmal Sankt Martin zu treffen,*
*der so gut teilen konnte. Doch dann ging alles schief*
*und seine selbst gebastelte Laterne fiel in eine Pfütze.*

5 Da kam ein Mann vorbei. Er sah Anton und den Klumpen,
der an Antons Laternenstab hing, und setzte sich zu ihnen.
Dann nahm er einen großen Schluck aus einer Dose,
und schüttete den ganzen restlichen Inhalt aus.

Nun zog der Mann ein Taschenmesser aus seiner Jacke und
10 schnitt äußerst geschickt kleine Löcher und
einen großen Halbmond in die Dose.
Er nahm dem staunenden Anton seinen Laternenstab
aus der Hand und befestigte ihn oben am Dosenrand.
Die Dosenlaterne leuchtete hell und wunderschön.
15 Er fragte den Mann: „Wie heißt du denn?"
Der Mann nuschelte: „Martin."

Stolz hielt Anton seine neue Laterne
in die Luft und rief:
„Ich habe Sankt Martin getroffen und
20 er hat mit mir seine Dose geteilt!"

*Johanna Lindemann*

Personen auf der Illustration zum Text benennen (Anton, Papa, Martin) –
über das Fest Sankt Martin am 11.11. sprechen – Geschichte von Sankt Martin erzählen/vorlesen –
Laternen basteln – gemeinsam ein Lied zum Martinsumzug singen

103

## Tierwinter

Wenn es draußen kalt ist,
wenn es frostet und schneit,
herrscht für die Vögel
eine bittere Zeit.

5 Sie träumen vom Sommer,
von Wärme und Essen
und hoffen, dass die Kinder
sie jetzt nicht vergessen
und auch im Winter nun an sie denken
10 und ihnen ein paar Körnlein Futter
schenken.

Zum Dank singen die Vögel dann wieder
für alle im Sommer die schönsten Lieder.

*Elke Bräunling*

Verschiedene Vogelarten benennen – gemeinsam überlegen, warum die Vögel im Winter wenig Nahrung finden (gefrorener Boden, keine Insekten ...) – Vogelfutter herstellen – Vogelhaus basteln

# Hilfe für den Weihnachtsmann

*Polizist Wächter hält den Weihnachtsmann für einen Dieb und sperrt ihn am Heiligen Abend ins Gefängnis.*

Plötzlich stürmt jemand in die Wachstube.
Es ist ein Junge.

5 „Ich will eine Anzeige aufgeben!", keucht er.
„Eine Vermisstenanzeige."

„Ich heiße Max!", erklärt der Junge.
„Und vermisst wird der Weihnachtsmann.
Der müsste schon längst da gewesen sein.
10 Schließlich wird es langsam Zeit für die Bescherung."

Wachtmeister Wächter schreibt alles auf.
„Weihnachtsmann vermisst, aha.
Wie sieht er denn aus, der Weihnachtsmann?"

Max überlegt. „Tja, wenn ich das so genau wüsste!
15 Gesehen habe ich ihn ja noch nie.
Aber die Leute sagen, er trägt einen roten Mantel.
Er hat einen langen weißen Bart und
schleppt immer einen dicken Sack
voller Geschenke auf seinem Rücken." ◇

*Frauke Nahrgang*

unbekannte Wörter im Texte erklären – von eigenen Erfahrungen mit dem Weihnachtsmann berichten –
Weihnachtserlebnisse erzählen – Weihnachtsmann malen

105

# Das Samenkorn

Ein Samenkorn lag auf dem Rücken,
die Amsel wollte es zerpicken.

Aus Mitleid hat sie es verschont
und wurde dafür reich belohnt.

5 Das Korn, das auf der Erde lag,
das wuchs und wuchs von Tag zu Tag.

Jetzt ist es schon ein hoher Baum
und trägt ein Nest aus weichem Flaum.

Die Amsel hat das Nest erbaut;
10 dort sitzt sie nun und zwitschert laut.

*Joachim Ringelnatz*

Gedicht gemeinsam lesen und unbekannte Wörter erklären – strophenweise vorlesen lassen – auswendig lernen –
den Baum mit dem Vogelnest zeichnen –
Samenkörner einpflanzen – Zögling pflegen und auspflanzen

# Das allerbeste Ei

Der Bär geht spazieren.
Plötzlich entdeckt er im Moos ein Ei.
Sicher ein Osterei aus Schokolade, denkt der Bär.
Hhm, lecker!

5 Schnell will er das Ei aufheben.
Mit seinen tapsigen Pfoten packt er zu.
Da knackst es und das Ei zerbricht.
So ein Pech!

Doch was ist das?
10 In der Schale sitzt ein Küken!
Es piepst aufgeregt.
Vorsichtig nimmt der Bär das Küken in seine Tatzen.

Er brummt vergnügt: „Weißt du was?
Ostereier aus Schokolade sind lecker.
15 Aber ein Osterei mit einem neuen Freund darin
ist viel, viel besser."

*Frauke Nahrgang*

In welcher Jahreszeit findet man Schokoladen-Eier? – Welche Tiere legen Eier und bekommen Küken? –
Warum ist ein neuer Freund viel besser als das Schokoladen-Ei? –
Text als kleines Rollenspiel umsetzen

107

# Sommerkinder

Sommerkinder wollen jeden Tag zum Baden gehen
und von früh bis spät nur die Sonne sehen.
Sommerkinder wollen spielen irgendwo am Strand
und ein großes Eis in ihrer Hand.

5 Sie träumen von einer Dusche unterm Gartenschlauch
und Hula-Hoop mit ihrem braun gebrannten Bauch.

Sie träumen von alten Freunden, die sich wiedersehn,
und Sommerferien, die nie zu Ende gehen.

Sommerkinder wollen jeden Tag zum Baden gehen
10 und von früh bis spät nur die Sonne sehen.
Sommerkinder wollen spielen irgendwo am Strand
und ein großes Eis in ihrer Hand. ◈

*Rolf Zuckowski*

# Feste feiern

Man sollte öfter einmal Feste feiern,
und nicht erst, wenn eins fällt.
Man kann sie ohne Gäste feiern
und ohne Geld.

5 Ein hübsches Fest heißt Freunde-Suche.
Ein lustiges heißt: Lachen-Fest.
Es gibt das Fest der Pflaumenkuchen,
das Drachenfest.

Ich könnte euch noch viele nennen,
10 doch hoffe ich, ihr versteht:
Man muss auch grundlos feiern können,
wenn es sonst nicht geht.

*Rudolf Neumann*

# Der Papagei

Der Papagei ist schön und klug.
Schön und klug, das ist genug.
Wer es ist, der muss nicht obendrein
auch noch ein prima Sänger sein.

*Josef Guggenmos*

Wie heißen die Feste im Gedicht (Freunde-Suche, Lachen-Fest …) – Was feiert man bei diesen Festen? –
Welche anderen Feste kann man feiern? – schöne Namen für Feste erfinden –
das Gedicht „Der Papagei" auswendig lernen

109

## A a

aber

- der Affe

alle

als

alt, älter

am

an

andere

antworten

er antwortet

- der Apfel

die Äpfel

auch

auf

- das Auge

aus

- das Auto

## B b

- das Baby

bald

- der Ball

die Bälle

- die Banane
- der Baum

die Bäume

- das Bein

bekommen

sie bekommt

- das Bett
- die Birne
- das Blatt

die Blätter

blau

bleiben

er bleibt

- das Boot

böse

brauchen

sie braucht

braun

- der Brief

bringen

sie bringt

- das Brot
- der Bruder

die Brüder

- das Buch

die Bücher

bunt

- der Bus

## C c

- der Cent
- der Chor

die Chöre

- der Computer

## D d

da

dann

das

dein

denken

er denkt

denn

der

des

dich

die

- der Dieb

diese, dieser

dir

doch

- die Dose

drei

du

durch

dürfen

er darf

einzelnen

- das Eis
- der Elefant
- die Eltern

er

erzählen

sie erzählt

es

essen

er isst

euch

- die Eule
- der Euro

**E e**

- das Ei

die Eier

- der Eimer

ein, eine

einer

eines

eins

**F f**

fahren

sie fährt

- die Ferien

finden

sie findet

- der Fisch
- die Flasche

fliegen

es fliegt

fragen

er fragt

- die Frau

freuen

er freut sich

- der Freund
- der Fuchs

die Füchse

für

- der Fuß

die Füße

**G g**

- die Gabel
- der Garten

die Gärten

geben

er gibt

gegen

gehen

sie geht

gelb

Anlautbilder unterstützen bei der Suche innerhalb des Alphabets –
Aufgabe mit der Wörterliste: Welcher Buchstabe steht im Alphabet vor bzw. nach dem F/f?

111

- die  **Ge**schich**te**
  ges**tern**
  ge**sund**
- die  **Gi**ra**ff**e
- das  **Gras**
  die  Grä**ser**
  gro**ß**
  grün
  gu**cken**
  sie  guckt

## H h

haben
es hat
- der  Ha**fen**
  die  Hä**fen**
  hal**lo**
- die  **Hand**
  die  Hän**de**
- das  Han**dy**
- der  Ha**se**
- das  **Haus**
  die  Häu**ser**
- das  **Heft**

heiß
hei**ß**en
sie heißt
hel**fen**
es hilft
heu**te**
- die  He**xe**
  hier
  hin**ter**
  hö**ren**
  er hört
- die  Ho**se**
- das  **Huhn**
  die  Hüh**ner**
- der  **Hund**

## I i

ich
ihm
ihn
ihr, ih**re**
im
im**mer**
in

## J j

ja
- die  Ja**cke**
- das  Jahr
- der  Jun**ge**

## K k

- die  Kat**ze**
  ken**nen**
  sie kennt
- das  Kind
- die  Kir**sche**
- die  Klas**se**
  klein
  ko**chen**
  er kocht
  kom**men**
  er kommt

Verben in der Grundform und in der 3. Person Einzahl –
Aufgabe mit der Wörterliste: Suche in der Wörterliste Verben mit den Anfangsbuchstaben g, h, und k heraus. Schreibe sie in der Grundform und der 3. Person Einzahl auf.

können
sie kann

- der Kopf
  die Köpfe
- die Küche
- die Kuh
  die Kühe

# L l

lachen
sie lacht

laufen
er läuft

- der Lehrer

lernen
er lernt

lesen
sie liest

lieb

liegen
es liegt

links

- der Löffel
- der Löwe

# M m

machen
es macht

malen
er malt

Mama

- der Mann
  die Männer
- die Mappe
- die Maus
  die Mäuse

mein

meine

- das Messer

mich

- die Milch

mir

mit

- der Mund
  die Münder

müssen
es muss

- die Mutter
  die Mütter
- die Mütze

# N n

nach

- die Nase

nein

neu

nicht

nie

noch

nur

# O o

oder

oft

ohne

Oma

Opa

Nomen mit bestimmten Artikeln – Nomen in der Einzahl bei Änderung des Vokals zusätzlich in der Mehrzahl –
Aufgabe mit der Wörterliste: Suche das Wort „Maus" in der Wörterliste. Lies die Mehrzahl vor. Benenne die Veränderung im
Wortstamm (au → äu).

113

## P p

Papa
- der Papagei
- die Pappe
- das Pferd
- der Pinsel
- das Pony

## Qu qu

quaken
sie quakt
- die Quelle

## R r

- der Rauch
- die Raupe

rechnen
sie rechnet
- der Regen

rennen
sie rennt

rot

---

rufen
er ruft

## S s

sagen
er sagt
- das Schiff

schlafen
er schläft

schmecken
es schmeckt
- der Schnee

schneiden
es schneidet

schnell

schon

schön
- der Schrank
die Schränke

schreiben
sie schreibt
- der Schuh
die Schuhe
- die Schule

schwarz

---

schwimmen
er schwimmt
- der See

sehen
er sieht

sehr

sein, seine

sich

sie

sieben

singen
er singt

sitzen
sie sitzt

sollen
sie soll
- die Sonne

spielen
er spielt
- der Sport

sprechen
sie spricht

stehen
es steht
- der Stein

stellen
er stellt
- der Stern
- die Straße
streiten
sie streitet
- der Stuhl
die Stühle
- die Stunde

**T t**

- der Tag
- die Tasche
- die Tasse
- das Taxi
- der Tee
- der Tisch
- die Tür

**U u**

üben
er übt
über

- das Ufer
- die Uhr
und
unten

**V v**

- der Vampir
viel
vier
- der Vogel
die Vögel
von
vor

**W w**

- der Wald
die Wälder
warm
warum
waschen
er wäscht
- das Wasser
- der Weg

wie
wieder
- der Winter
wollen
sie will

**X x** Taxi

- das Xylofon

**Y y**

- die Yacht

**Z z**

- der Zahn
die Zähne
- die Zeit
- das Zimmer
zur
zusammen
zwei

# Inhaltsverzeichnis

# Inhaltsverzeichnis

**Text- und Liedquellen:** S. 22 „Heute bin ich" von Mies van Hout, aracari verlag ag, Schweiz, 2012, ISBN 978-3-905945-30-0 (Auszug); S. 23 Daniela Kulot: Zusammen! (gekürzt) Gestenberg Verlag, 2016; S. 41 Nicole Intemann: Plastian, der kleine Fisch … und wie er mit seinen Freunden auf einer abenteuerlichen Reise die Welt ein bisschen besser macht (gekürzt). oekom verlag, München 2016; S. 54 Michael Augustin: Im Zoo. Aus: Ein Nilpferd steckt im Leuchtturm fest. Tiergedicht für Kinder. Mixtvision Verlag, München 2018; S. 54 Christa Zeuch: Ein Fisch, ein Fuchs und ein Fasan. Aus: Sibylle Sailer (Hrsg.)/Sabine Büchner (Illustration): Sieben kecke Schnirkelschnecken. Lustige Kindergedichte und Reimspaß zum Lachen. Arena Verlag GmbH, Würzburg 2010; S. 55 Ursula Poznanski: BuchstabenDschungel (gekürzt). Loewe Verlag, Bindlach 2019; S. 69 Jörg Mühle: Zwei für mich, einer für dich (gekürzt). Moritz Verlag, Frankfurt am Main 2019; S. 82 Frauke Nahrgang: Die Kickerbande (2) (gekürzt). Fußballfreunde halten zusammen. Nikolai Renger (Illustration). © 2018 Arena Verlag GmbH, Würzburg; S. 83 Jeanne Willis, Tony Ross: Kopf hoch, Fledermaus! (gekürzt). ÜberS. v. Stephanie Menge. FISCHER Sauerländer Verlag, Frankfurt a. M. 2008; S. 91 Gerhard Schöne (Text): Augen, Ohren und Herz (gekürzt). By Lied der Zeit GmbH, Hamburg; S. 99 Otfried Preußler: Der Räuber Hotzenplotz und die Mondrakete (gekürzt). K. Thienemanns Verlag, Stuttgart 2018; S. 100 Tina Birgitta Lauffer (Text): Jahreszeitenlied; S. 102 Claudia Veiter: Siehst du, wie die Blätter tanzen? (19.09.2017), zit. nach: https://www.kigaportal.com/de/forum/artikelforum/show/36233; S. 103 Johanna Lindemann: Die schönste Laterne der Welt (gekürzt). Annette Betz in der Ueberreuter Verlag GmbH, Berlin 2019; S. 104 Elke Bräunling: Tierwinter. © Elke Bräunling; S. 105 Frauke Nahrgang: Hilfe für den Weihnachtsmann (gekürzt). Verlag Heinrich Ellermann, Hamburg 2002; S. 106 Joachim Ringelnatz: Das Samenkorn. Aus: Joachim Ringelnatz: Das Gesamtwerk. Henssel, Berlin 1982-1985; S. 107 Frauke Nahrgang: Das allerbeste Ei. Aus: Meine allerersten Minutengeschichten. Ravensburger Buchverlag Otto Maier GmbH, Ravensburg 2014; S. 108 Rolf Zuckowski (Text): Sommerkinder (gekürzt). MUSIK FÜR DICH Rolf Zuckowski OHG (Sikorski Musikverlage), Hamburg; S. 109 Rudolf Neumann: Feste feiern. Aus: Hans-Joachim Gelberg: Die Stadt der Kinder. Beltz und Gelberg, Weinheim 1999; S. 109 Josef Guggenmos: Der Papagei. Aus: Josef Guggenmos: Groß ist die Welt. Die schönsten Gedichte. Bilder von Sabine Friedrichson. Beltz und Gelberg, Weinheim 2006.

**Bildquellen:** S. 22 „Heute bin ich" von Mies van Hout; Erstveröffentlichung durch Lemniscaat b.v., Niederlande, 2011, unter dem Namen „Vrolijk"; Deutsche Ausgabe: aracari verlag ag, Schweiz, 2012, ISBN 978-3-905945-30-0; S. 23 Daniela Kulot: Zusammen! Copyright © 2016 Gerstenberg Verlag, Hildesheim; S. 40 Shutterstock.com/gilkop (1), Shutterstock / Chase Dekker (2); S. 41 Nicole Intemann: Plastian, der kleine Fisch. oekom verlag, 2015; S. 68 Shutterstock.com/robertsre (1), stock.adobe.com/Copyright: Serghei Platonov/Gresei (2), Shutterstock.com/3445 (3), Shutterstock.com/MaraZe (4); S. 69 Jörg Mühle: Zwei für mich, einer für dich. Moritz Verlag, Frankfurt am Main 2019; S. 82 Frauke Nahrgang: Die Kickerbande (2). Fußballfreunde halten zusammen. Nikolai Renger (Illustration). © 2018 Arena Verlag GmbH, Würzburg; S. 90 Shutterstock.com/Africa Studio (1), Shutterstock.com/ilikestudio (2), Shutterstock.com/BERNATSKAIA OKSANA (3), (4 fehlt), Shutterstock.com/MIA Studio (5); S. 93 Bridgeman Images/Benz Patent Motorwagen car model (or Tricycle Benz 1) created by Carl Benz and considered the first car in history, 1886 (1), Copyright © 2000–2006 Adobe Systems, Inc. All Rights Reserved. (2), stock.adobe.com/© 2017 Peter Gottschalk/pgottschalk (3); S. 94 stock.adobe.com/Bäckersjunge (1), Shutterstock.com/xiaorui (2), Mit freundlicher Genehmigung der TalkTools GmbH in Mülheim an der Ruhr (3); S. 98 Cornelsen/Inhouse (1-4); S. 99 Otfried Preußler: Der Räuber Hotzenplotz und die Mondrakete. Thorsten Saleina (Illustration) K. Thienemanns Verlag, Stuttgart 2018; S. 102 Shutterstock.com/Flaffy (1), Shutterstock.com/Vladimir Kruglove (2); S. 103 Johanna Lindemann / Stephan Pricken (ill.): Die schönste Laterne der Welt © Annette Betz in der Ueberreuter Verlag GmbH, Berlin 2020; S. 104 Shutterstock.com/Zhukovskaya Elena (oben), Shutterstock.com/Stacy Ellen (unten); S. 105 Frauke Nahrgang: Hilfe für den Weihnachtsmann. Dagmar Henze (Illustration). © Verlag Heinrich Ellermann, Hamburg 2002; S. 106 Shutterstock.com/Mahony (1), Shutterstock.com/A3pfamily (2); S. 108 Cornelsen/Inhouse; S. 110 Euro-Cent: Cornelsen/Manuela Ostadal/Deutsche Bundesbank, Luc Luycx aus Belgien

**Deutsch mit Olli 1** Fibel

| | |
|---|---|
| Erarbeitet von: | Silke Bergmann, Diana Feldmeier, Sabine Pfitzner-Kierzek, Kati Steinecke, Gabriele Stoll, Stefanie Stroh, Anja Tiedje, Annett Zilger |
| Redaktion: | Nicole Namour, Kirsten Pauli |
| Illustration und Umschlagillustration: | Petra Eimer, Manuela Ostadal (S. 110–115) |
| Umschlaggestaltung: | Corinna Babylon und Jule Kienecker, Berlin |
| Layoutkonzept und technische Umsetzung: | Cornelia Gründer, Corngreen GmbH, Leipzig |

**www.cornelsen.de**

⬦ Texte mit diesem Zeichen wurden aus didaktischen Gründen gekürzt oder verändert.
Informationen stehen im Textquellenverzeichnis bei den betreffenden Texten.

1. Auflage, 4. Druck 2024

Alle Drucke dieser Auflage sind inhaltlich unverändert
und können im Unterricht nebeneinander verwendet werden.

© 2021 Cornelsen Verlag GmbH, Berlin

Das Werk und seine Teile sind urheberrechtlich geschützt.
Jede Nutzung in anderen als den gesetzlich zugelassenen Fällen
bedarf der vorherigen schriftlichen Einwilligung des Verlages.
Hinweis zu §§ 60 a, 60 b UrhG: Weder das Werk noch seine Teile dürfen ohne
eine solche Einwilligung an Schulen oder in Unterrichts- und Lehrmedien
(§ 60 b Abs. 3 UrhG) vervielfältigt, insbesondere kopiert oder eingescannt,
verbreitet oder in ein Netzwerk eingestellt oder sonst öffentlich zugänglich
gemacht oder wiedergegeben werden. Dies gilt auch für Intranets von Schulen
und anderen Bildungseinrichtungen.

Druck: Mohn Media Mohndruck, Gütersloh

ISBN 978-3-06-084636-8 (Schulbuch)
ISBN 978-3-464-80215-1 (E-Book)

**PEFC-zertifiziert**
Dieses Produkt
stammt aus
nachhaltig
bewirtschafteten
Wäldern und
kontrollierten Quellen
PEFC/04-31-1033  www.pefc.de